My First Bilingual Animal Book

English-Spanish Edition
A Colorful Gift for Toddlers, Kids & ESL Learners

© Javier Sanz, 2025
ISBN: 979-8-2818209-5-0
All rights reserved

For all the kids in the world who,
like my sons,
love animals.

Para todos los niños del mundo que,
como mis hijos,
aman los animales.

An eagle's eyesight is so sharp it could spot a rabbit from 2 miles away.

Bald eagle

Hawk

Águila calva
AH-gee-lah KAHL-bah

Halcón
ahl-KOHN

La vista del águila es tan aguda que detecta un conejo a 3,2km (2 millas) de distancia.

Barn owls can hunt in total darkness using only their exceptional hearing.

Barn owl

Lechuza

leh-CHOO-thah

Owl

Búho

BOO-oh

Las lechuzas pueden cazar en total oscuridad usando sólo su oído.

A puffin can carry ten fish cross-wise in its beak at once.

Puffin　　　　　　Penguin

Frailecillo　　　　　Pingüino
fry-leh-THEE-yoh　　peen-GWEE-noh

El frailecillo puede llevar diez peces en su pico a la vez.

Parrots can live more than 60 years and some species can learn over 100 words!

Parrot

Loro
LOH-roh

Toucan

Tucán
too-KAHN

¡Los loros pueden vivir más de 60 años y aprender más de 100 palabras!

A kiwi egg is about 20 % of the mother's body weight!

Duck

Kiwi

Pato

PAH-toh

Kiwi

KEE-wee

¡El huevo del kiwi equivale al 20 % del peso de la madre!

A hummingbird's wings can flap up to 80 times a second!

Hummingbird
Rooster

Colibrí
koh-lee-BREE

Gallo
GAH-yoh

¡Un colibrí puede batir sus alas hasta 80 veces por segundo!

Bees need to visit about 2 million flowers to make one jar of honey.

Butterfly   Bee

Mariposa
mah-ree-POH-sah

Abeja
ah-BEH-khah

Las abejas deben visitar unos 2 millones de flores para llenar un tarro de miel.

An ant can lift fifty times its own weight.

Ant

Ladybug

Hormiga
or-MEE-gah

Mariquita
mah-ree-KEE-tah

Una hormiga puede levantar cincuenta veces su propio peso.

A garden snail has thousands of tiny teeth called a radula.

Snail

Spider

Caracol
kah-rah-KOHL

Araña
ah-RAHN-yah

El caracol posee miles de diminutos dientes llamados rádula.

A frog can breathe through its skin when underwater.

Beetle

tree frog

Escarabajo
es-kah-rah-BAH-kho

Rana de árbol
RAH-nah deh AHR-bol

Las ranas pueden respirar por la piel cuando están bajo el agua.

Snakes "smell" the air by flicking their tongues.

Iguana

Snake

Iguana
ee-GWAH-nah

Serpiente
sehr-PYEN-teh

Las serpientes huelen el aire con la lengua.

A chameleon's tongue is twice the length its body and snaps out in 1/100th of a second.

Chameleon　　　　　　　Rabbit

Camaleón　　　　　　　Conejo
kah-mah-leh-OHN　　　　　koh-NEH-kho

La lengua del camaleón es el doble de larga que su cuerpo y sale en una centésima de segundo.

Every dog's nose print is as unique as a human fingerprint.

Dog

Cat

Perro
PEH-rroh

Gato
GAH-toh

La huella nasal de cada perro es única, igual que una huella dactilar humana.

Horses can sleep standing up, thanks to special leg tendons that lock like a kick-stand.

Horse
Cow

Caballo
kah-BAH-yoh

Vaca
BAH-kah

Los caballos pueden dormir de pie: sus tendones se bloquean como una pata de cabra.

A deer's hooves leave a heart-shaped track, which makes them easy to recognize.

Iberian pig

Cerdo ibérico

THER-doh ee-BEH-ree-koh

Deer

Ciervo

SYER-voh

Las pezuñas del ciervo dejan una huella en forma de corazón, siendo fáciles de reconocer.

A grizzly bear's front claws can grow to 4 inches —about the length of a smartphone.

Wolf

Grizzly bear

Lobo
LOH-boh

Oso Grizzly
OH-soh GREEZ-lee

Las garras delanteras de un oso grizzly miden hasta 10 cm, ¡como un móvil!

A kangaroo can't hop backward.

Bull

Kangaroo

toro
TOH-roh

canguro
kahn-GOO-roh

Los canguros no pueden saltar hacia atrás.

Black Panthers are not separate species. They are Leopards or Jaguars with darker skin.

Buffalo

Búfalo
BOO-fah-loh

Black panther

Pantera negra
pahn-TEH-rah NEH-grah

La pantera negra no es una especie separada. Es un leopardo o jaguar con piel más oscura.

Cheetahs accelerate from 0 to 60 mph in just 3 seconds—faster than many cars.

Cheetah

Lion

Guepardo
geh-PAR-doh

León
leh-OHN

El guepardo acelera de 0 a 100 km/h en 3 segundos: ¡más rápido que muchos coches!

Tigers love water and are powerful swimmers.

Snow leopard
tiger

Leopardo de las nieves
leh-oh-PAR-doh deh las NYEH-behss

tigre
TEE-greh

A los tigres les encanta el agua y nadan muy bien.

The jaguar has the strongest bite force among big cats.

jaguar ocelot

jaguar
hah-GWAR

ocelote
oh-seh-LOH-teh

El jaguar tiene la mordida más fuerte de todos los grandes felinos.

A giraffe's neck has the same number of bones as yours—just seven, only much bigger.

Elephant

Giraffe

Elefante
eh-leh-FAHN-teh

Jirafa
hee-RAH-fah

El cuello de la jirafa tiene los mismos siete huesos que el tuyo, solo que gigantes.

Hippo "sweat" looks pink; it's a natural sunscreen and antibiotic combined.

Rhinoceros   ## Hippopotamus

Rinoceronte   ### Hipopótamo
ree-noh-the-ROHN-teh   ee-poh-POH-tah-moh

El "sudor" del hipopótamo es rosado: actúa como protector solar y antibiótico natural.

Orangutans use sticks as tools to fish termites and even as umbrellas in tropical rain.

zebra

orangutan

cebra
THEH-brah

orangután
oh-rahn-goo-TAHN

Los orangutanes usan palitos para sacar termitas ¡e incluso como paraguas bajo la lluvia!

Chimps share about 98.8 % of their DNA with us, making them our closest wild cousins.

Chimpanzee

Chimpancé
cheem-pahn-THEH

Gorilla

Gorila
goh-REE-lah

Los chimpancés comparten un 98,8 % de ADN con nosotros: ¡nuestros primos más cercanos!

Koalas snooze 18–20 hours daily to save energy.

Sloth
Koala

Perezoso
peh-reh-SOH-soh

Koala
koh-AH-lah

Los koalas duermen 18–20 horas al día para ahorrar energía.

A kinkajou's tail grips branches like a fifth hand. It's called prehensile tail.

Kinkajou

Raccoon

Kinkajú
keen-kah-HOO

Mapache
mah-PAH-cheh

La cola del kinkajú agarra ramas como si fuera una quinta mano. Se llama cola prensil.

A panda spends about 12 hours a day eating bamboo.

Lemur

Lemur
LEH-moor

Giant panda

Oso panda
OH-soh PAHN-dah

El oso panda pasa unas 12 horas al día comiendo bambú.

Arctic fox fur turns brown in summer, white in winter.

Red fox
Arctic fox

Zorro rojo
THO-rroh ROH-hoh

Zorro ártico
THO-rroh AHR-tee-koh

El zorro ártico es marrón en verano y blanco en invierno.

Polar bear fur isn't white; it's transparent, and their skin is actually black.

Polar bear

Seal

Oso polar
OH-soh poh-LAR

Foca
FOH-kah

El pelaje del oso polar no es blanco: es transparente, ¡y su piel es negra!

Dolphins sleep with half their brain awake so they can keep swimming.

Shark

Dolphin

Tiburón
tee-boo-ROHN

Delfín
del-FEEN

Los delfines duermen sólo medio cerebro. La otra mitad sigue activa para seguir nadando.

A blue whale's heart is the size of a small car. Blue whales are the largest animal on Earth!

Orca

Whale

Orca
OR-kah

Ballena
bah-YEH-nah

El corazón de la ballena azul es del tamaño de un coche pequeño. ¡Es el animal más grande!

An octopus has three hearts—two for its gills and one for its body.

Octopus   Crab

Pulpo   Cangrejo
POOL-poh   kahn-GREH-kho

Los pulpos tienen tres corazones: dos para las branquias y uno para el cuerpo.

Lobsters don't stop growing and can reach over 70 years old.

Lobster

Langosta
lahn-GOHS-tah

Clownfish

Pez payaso
pehs pah-YAH-soh

Las langostas no dejan de crecer y pueden llegar a vivir más de 70 años.

Some starfish regrow a whole body from one arm.

jellyfish
Starfish

Medusa
meh-DOO-sah

Estrella de mar
es-TREH-yah deh MAR

Algunas estrellas de mar regeneran todo el cuerpo desde un brazo.

Sea turtles have roamed Earth since the time of the dinosaurs.

Sea turtle

Otter

Tortuga marina
tor-TOO-gah mah-REE-nah

Nutria
NOO-tree-ah

Las tortugas marinas llevan en la Tierra desde la época de los dinosaurios.

Enjoyed this book? I'd love to hear about it! A quick **review** on Amazon would mean the world to us and help other families discover this bilingual animal book.

You can use the QR code below to leave your review.

Thank you! ¡Gracias!

Check out **Vehicles Bilingual** book on Amazon!

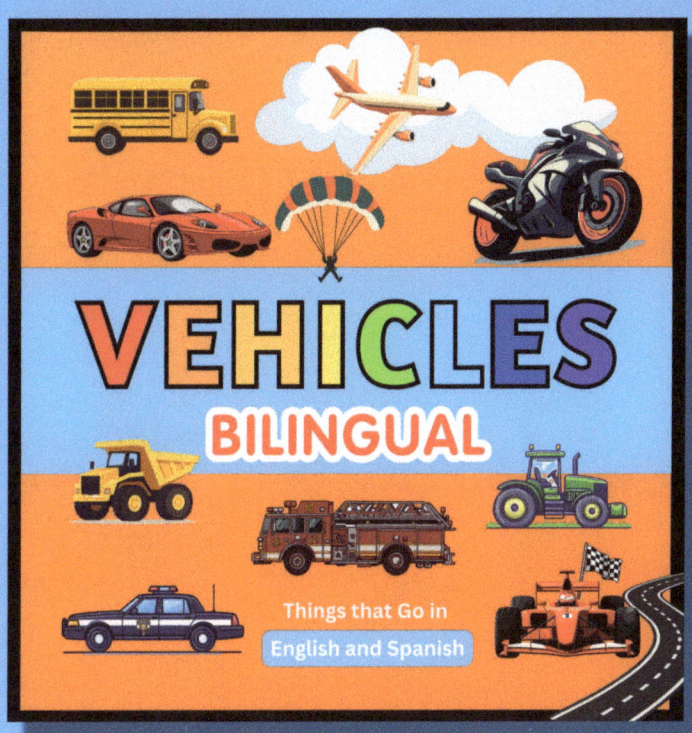

www.ingramcontent.com/pod-product-compliance
Lightning Source LLC
LaVergne TN
LVHW072130060526
838201LV00071B/5002